Carnets de philosophie

Textes choisis et présentés par André Comte-Sponville

Dans la même collection

Pensées sur la politique

À paraître

Pensées sur l'amour

Pensées sur la mort

Pensées sur la connaissance

Pensées sur la liberté

Pensées sur Dieu

Pensées sur l'athéisme

Pensées sur l'art

Pensées sur le temps

Pensées sur l'homme

Pensées sur la sagesse

Collection dirigée par Michel Piquemal et Marc de Smedt

Choix iconographique : Patricia Berreby / Droits de reproduction : François Le Ténaff
Couverture : Gérard Lo Monaco / Photographie de couverture : Philippe Ughetto
Maquette : Albin Michel Jeunesse avec la collaboration d'Amanda Peters

Pensées sur la morale

Textes choisis et présentés par

André Comte-Sponville

Carnets de philosophie / Albin Michel

Présentation

On se trompe sur la morale. Elle n'est pas là d'abord pour punir, pour réprimer, pour condamner. Elle commence, au contraire, là où aucune punition n'est possible, là où aucune répression n'est efficace, là où aucune condamnation, en tout cas extérieure, n'est nécessaire. Elle commence où nous sommes libres : elle est cette liberté même, quand elle se juge et se commande.

Tu voudrais bien voler ce disque ou ce vêtement dans le magasin. Mais un vigile te regarde, ou bien il y a un système de surveillance électronique, ou bien tu as peur, simplement, d'être pris, d'être puni, d'être condamné... Ce n'est pas honnêteté : c'est calcul. Ce n'est pas morale : c'est précaution. La peur du gendarme est le contraire de la vertu, ou ce n'est vertu que de prudence.

Imagine, à l'inverse, que tu aies cet anneau qu'évoque Platon, qui te rendrait à volonté invisible... Que ferais-tu ? Que ne ferais-tu pas ? Continuerais-tu, par exemple, à respecter la propriété d'autrui, son intimité, ses secrets, sa liberté, sa dignité, sa vie ? Nul ne peut répondre à ta place : cette question ne concerne que toi, mais te concerne tout entier. Tout ce que tu ne fais pas mais que tu t'autoriserais, si tu étais invisible, relève moins de la morale que de la peur ou de l'hypocrisie. En revanche, ce que, même invisible, tu continuerais à t'imposer ou à t'interdire, et non par intérêt mais par devoir, cela seul est moral strictement. Ton âme a sa pierre de touche. Ta morale a sa pierre de touche, où tu te juges toi-même. Ta morale ? Ce que tu exiges de toi, non en fonction du regard d'autrui ou de telles ou telles menaces extérieures, mais au nom d'une certaine conception du bien et du mal, du devoir, de l'admissible et de l'inadmissible. Concrètement :

l'ensemble des règles auxquelles tu te soumettrais, *même si tu étais invisible et invincible.* Cela fait-il beaucoup ? Cela fait-il peu ? La réponse ne dépend que de toi ; tu ne dépends que de ta réponse. Tu *vaux* ce que tu *veux,* et c'est ce qu'on appelle la vertu.

Qu'est-ce que la morale ? C'est l'ensemble de ce qu'un individu s'impose ou s'interdit à lui-même, non pour augmenter son bonheur ou son bien-être, ce qui ne serait qu'égoïsme, mais pour tenir compte des intérêts ou des droits de l'autre, mais pour n'être pas un salaud, mais pour rester fidèle à une certaine idée de l'humanité, et de soi. La morale répond à la question *« Que dois-je faire ? »* : c'est l'ensemble de mes devoirs, autrement dit des impératifs que je reconnais légitimes – quand bien même il m'arrive, comme tout un chacun, de les violer. C'est la loi que je m'impose à moi-même, ou que je devrais m'imposer, indépendamment du regard d'autrui et de toute sanction ou récompense attendue.

« Que dois-je faire ? », et non pas : *« Que doivent faire les autres ? »* C'est ce qui distingue la morale du moralisme. « La morale, disait Alain, n'est

jamais pour le voisin » : celui qui s'occupe des devoirs du voisin n'est pas moral, mais moralisateur. Et quelle espèce plus désagréable ? La morale n'est légitime qu'à la première personne. Dire à quelqu'un : « Tu dois être généreux », ce n'est pas faire preuve de générosité. Lui dire : « Tu dois être courageux », ce n'est pas faire preuve de courage. La morale ne vaut que pour soi ; pour les autres, la miséricorde et le droit suffisent.

Au reste, qui peut connaître les intentions, les excuses ou les mérites d'autrui ? Nul, moralement, ne peut être jugé que par Dieu, s'il existe, ou par soi, et cela fait une existence suffisante. As-tu été égoïste ? As-tu été lâche ? As-tu menti, volé, violé ? Tu le sais bien, et ce savoir de toi à toi, c'est ce qu'on appelle la conscience, qui est le seul juge, en tout cas le seul, moralement, qui importe. Un tribunal ? Une amende ? Une peine de prison ? Ce n'est que la justice des hommes : ce n'est que droit et police. Combien de salauds en liberté ? Combien de braves gens en prison ? Tu peux être en règle avec la société, et sans doute il le faut. Mais cela ne te dispense pas d'être en règle avec toi-même, avec ta conscience, et c'est la seule règle en vérité.

Y a-t-il alors autant de morales que d'individus ? Non pas. C'est tout le paradoxe de la morale : elle ne vaut qu'à la première personne mais universellement, autrement dit pour tout être humain (puisque tout être humain est un « Je »). Du moins c'est ainsi que nous la vivons. Nous savons bien, en pratique, qu'il y a des morales différentes, qui dépendent de l'éducation qu'on a reçue, de la société ou de l'époque dans lesquelles on vit. Il n'y a pas de morale absolue, ou nul n'y a accès absolument. Mais quand je m'interdis la cruauté ou le meurtre, je sais bien que ce n'est pas seulement une question de préférence, qui dépendrait du goût de chacun. C'est aussi une condition de survie, pour la société, pour l'humanité, pour la civilisation. Si tout le monde mentait, plus personne ne croirait personne : on ne pourrait même plus mentir (puisque le mensonge suppose la confiance même qu'il viole) et toute communication deviendrait absurde ou vaine. Si tout le monde volait, la vie en société deviendrait impossible ou misérable : il n'y aurait plus de propriété, et plus rien à voler... Si tout le monde tuait, c'est l'humanité ou la civilisation qui courraient à leur perte : il n'y aurait plus que la violence et la peur, et nous serions tous victimes des assassins que nous serions tous... Ce ne sont qu'hypothèses, mais elles nous installent au cœur de la morale. Tu veux savoir si telle ou telle action est bonne ou condamnable ? Demande-toi ce qui se passerait si tout le monde se comportait comme toi. Un enfant, par exemple, jette son chewing-gum sur le trottoir : « Imagine, lui disent ses parents, que tout le monde en fasse autant : quelle saleté cela ferait, et quel désagrément pour toi et pour tous ! » Imagine, a fortiori, que tout le monde mente, que tout le monde tue, que tout le monde viole ou torture... Comment pourrais-tu vouloir une humanité pareille ? Et au nom de quoi t'exempter de ce que tu veux ? Il faut donc t'interdire ce que tu condamnerais chez les autres, ou bien renoncer à t'approuver selon l'universel, c'est-à-dire selon l'esprit ou la raison. C'est le point décisif : il s'agit de se soumettre personnellement à une loi qui nous paraît valoir, ou devoir valoir, pour tous.

Tel est le sens de la fameuse formulation kantienne de l'impératif catégorique, qu'on trouvera dans ce recueil. Une action n'est bonne que si le principe auquel elle se soumet (sa « maxime », dit

Kant) peut être érigé en loi universelle : agir moralement, c'est agir de telle sorte que tu puisses désirer, sans contradiction, que tout le monde se soumette aux mêmes principes que toi. Cela rejoint l'esprit des Évangiles, ou l'esprit tout court, tel que Rousseau en formule la « maxime sublime » : « Fais à autrui comme tu veux qu'on te fasse. » C'est vivre selon l'autre, ou plutôt selon soi, mais en tant qu'on juge et pense. « *Tout seul,* disait Alain, *universellement...* » C'est la morale même. C'est l'esprit même.

Il s'agit de n'être pas indigne de ce que l'humanité a fait de soi, et de nous. Il s'agit de « faire bien l'homme, comme disait Montaigne, et dûment », autrement dit de réaliser au mieux notre humanité en faisant, quand nécessaire, notre devoir.

Cela ne tient pas lieu de bonheur, et c'est pourquoi la morale n'est pas tout. Cela ne tient pas lieu d'amour, et c'est pourquoi la morale n'est pas l'essentiel. Mais aucun bonheur n'en dispense ; mais aucun amour n'y suffit : c'est dire que la morale, toujours, reste nécessaire.

C'est elle qui te permettra, en étant librement toi-même (plutôt que de rester prisonnier de tes instincts et de tes peurs !), de vivre librement avec les autres.

La morale est cette exigence universelle, ou en tout cas universalisable, qui t'est confiée *personnellement.*

C'est en faisant bien l'homme, ou la femme, qu'on aide l'humanité à se faire. Et il le faut : elle a besoin de toi, comme tu as besoin d'elle !

André Comte-Sponville

La morale n'est pas une branche de la philosophie, mais la philosophie première.

Emmanuel Levinas

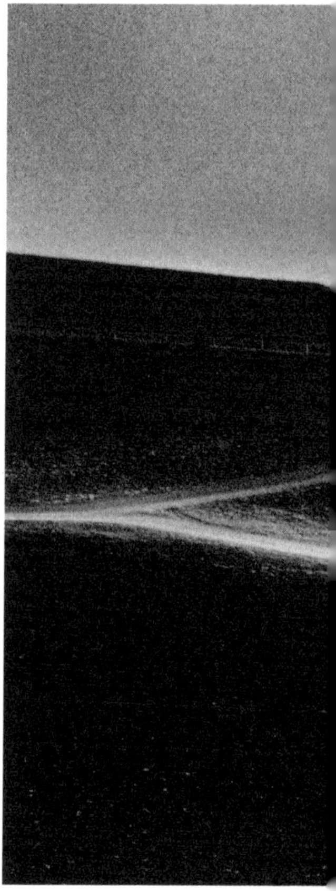

L'homme se fait ;
il n'est pas tout fait
d'abord, il se fait en
choisissant sa morale,
et la pression des
circonstances est telle
qu'il ne peut pas
ne pas en choisir une.

Jean-Paul Sartre

Robert Morris, Sans titre

De tout ce qu'il est possible de concevoir dans le monde, et même en général hors du monde, il n'est rien qui puisse sans restriction être tenu pour bon, si ce n'est seulement une volonté bonne.

Emmanuel Kant

Henri Cueco, Paysage avec porcs

Il vaut mieux être Socrate insatisfait qu'un porc satisfait ; il vaut mieux être Socrate insatisfait qu'un imbécile satisfait. Et si l'imbécile ou le porc sont d'un avis différent, c'est qu'ils ne connaissent qu'un côté de la question : le leur. L'autre partie, pour faire la comparaison, connaît les deux côtés.

John Stuart Mill

J'appelle *moralité* le désir de faire du bien qui tire son origine de ce que nous vivons sous la conduite de la raison.

Baruch de Spinoza

Martial Raysse, L'Oiseau d'or

René Burri, Che Guevara

La conscience morale effective est une conscience agissante ; c'est en cela justement que consiste l'effectivité de sa moralité.

G.W.F. Hegel

Je me suis fait une maxime
pour mon usage personnel :
« Il faut mettre ses principes
dans les grandes choses,
aux petites la miséricorde suffit. »

Albert Camus

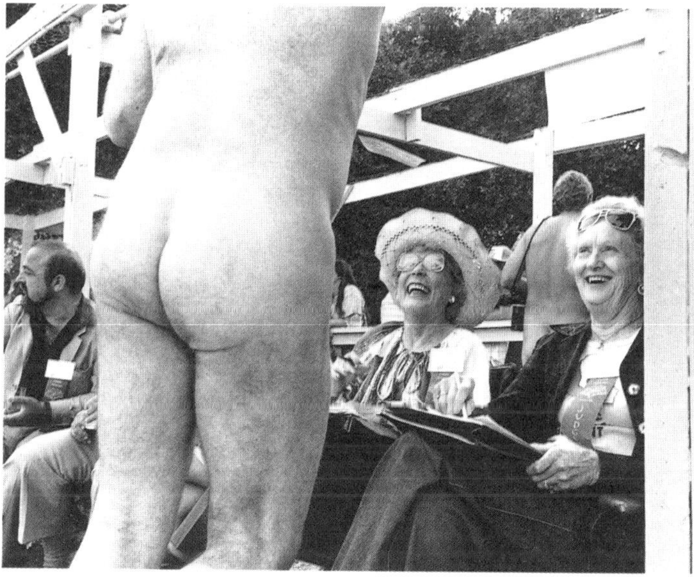

Elliott Erwitt, Bakersfield

La vraie morale se moque de la morale.

Blaise Pascal

Richard Di Rosa,
Buste du pauvre

La morale, c'est bon pour les riches. Je le dis sans rire. Une vie pauvre est serrée par les événements ; je n'y vois ni arbitraire, ni choix, ni délibération. Certaines vertus sont imposées ; d'autres sont impossibles. Aussi je hais ces bons conseils que le bienfaiteur donne au misérable. [...]

Je connais une maîtresse d'école maternelle qui a sincèrement essayé d'enseigner un peu de morale à ses petits ; mais les leçons lui rentraient dans la bouche. « Quel plaisir, mes petits amis, d'avoir une maison propre et claire ! » Mais elle rencontrait le regard d'un ou deux mioches qui n'avaient pour fenêtre qu'une tabatière et qu'une mansarde étroite pour trois lits.

« On doit changer son linge de corps une fois par semaine. » Hélas ! Elle savait bien que si on lavait la chemise de ce tout-petit, elle s'en irait en charpie. Les dangers de l'alcoolisme, autre chanson ; mais comme elle allait faire le portrait de l'ivrogne, elle s'apercevait qu'elle pensait au père de ces deux jumeaux, qui commençaient à rougir de honte. Il y a des discours qui vous restent dans les dents.

Comment faire ? Ne point prêcher. Laver ceux qui sont sales, si on peut. Pratiquer soi-même la justice et la bonté. Ne pas faire rougir les enfants. Ne pas appuyer maladroitement sur leurs maux. Ne pas flatter, sans le vouloir, ceux qui ont la bonne chance d'être proprement vêtus et d'avoir des parents sobres. Non, réellement, il vaut mieux parler d'autre chose, de ce qui est à tout le monde, du soleil, de la lune, des étoiles, des saisons, des nombres, du fleuve, de la montagne, de façon que celui qui n'a point de chaussettes se sente tout de même citoyen ; de façon que la maison d'école soit le temple de la justice, et le seul lieu où les pauvres ne soient pas méprisés.

Gardons nos sermons pour les riches ; et d'abord pour nous-mêmes.

Alain

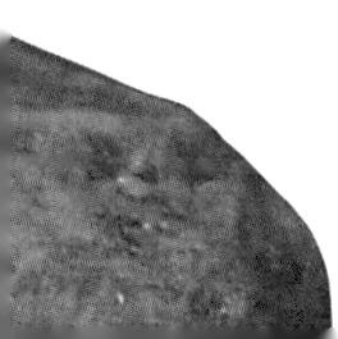

Au demeurant, si c'est de nous que nous tirons le règlement de nos mœurs, à quelle confusion nous rejetons-nous ! Car ce que notre raison nous y conseille de plus vraisemblable, c'est généralement à chacun d'obéir aux lois de son pays, comme est l'avis de Socrate inspiré, dit-il, d'un conseil divin. Et par là que veut-elle dire, sinon que notre devoir n'a autre règle que fortuite ? La vérité doit avoir un visage pareil et universel. La droiture et la justice, si l'homme en connaissait qui eût corps et véritable essence, il ne l'attacherait pas à la condition des coutumes de cette contrée ou de celle-là ; ce ne serait pas de la fantaisie des Perses ou des Indes que la vertu prendrait forme. Il n'est rien sujet à plus continuelle agitation que les lois. Depuis que je suis né, j'ai vu trois et quatre fois rechanger celles des Anglais, nos voisins [...].
Que nous dira donc en cette nécessité la philosophie ? Que nous suivions les lois de notre pays ? c'est-à-dire cette mer flottante des opinions d'un peuple ou d'un prince, qui me peindront la justice d'autant de couleurs et la reformeront en autant de visages qu'il y aura en eux de changements de passion ? Je ne puis pas avoir le jugement si flexible. Quelle bonté est-ce que je voyais hier en crédit, et demain plus, et que le trait d'une rivière fait crime ? Quelle vérité que ces montagnes bornent, qui est mensonge au monde qui se tient au-delà ?

Michel de Montaigne

Ô Montaigne !
toi qui te piques de franchise
et de vérité, sois sincère et vrai,
si un philosophe peut l'être,
et dis-moi s'il est quelque pays
sur la terre où ce soit
un crime de garder sa foi,
d'être clément, bienfaisant,
généreux ; où l'homme de bien
soit méprisable, et le perfide
honoré.

Jean-Jacques Rousseau

Je ne remarque en nous qu'une seule chose qui nous puisse donner juste raison de nous estimer, à savoir l'usage de notre libre arbitre, et l'empire que nous avons sur nos volontés ; car il n'y a que les seules actions qui dépendent de ce libre arbitre pour lesquelles nous puissions avec raison être loués ou blâmés, et il nous rend en quelque façon semblables à Dieu en nous faisant maîtres de nous-mêmes, pourvu que nous ne perdions point par lâcheté les droits qu'il nous donne.

Ainsi je crois que la vraie générosité, qui fait qu'un homme s'estime au plus haut point qu'il se peut légitimement estimer, consiste seulement, partie en ce qu'il connaît qu'il n'y a rien qui véritablement lui appartienne que cette libre disposition de ses volontés, ni pourquoi il doive être loué ou blâmé sinon pour ce qu'il en use bien ou mal ; et partie en ce qu'il sent en soi-même une ferme et constante résolution d'en bien user, c'est-à-dire de ne manquer jamais de volonté pour entreprendre et exécuter toutes les choses qu'il jugera être les meilleures. Ce qui est suivre parfaitement la vertu.

René Descartes

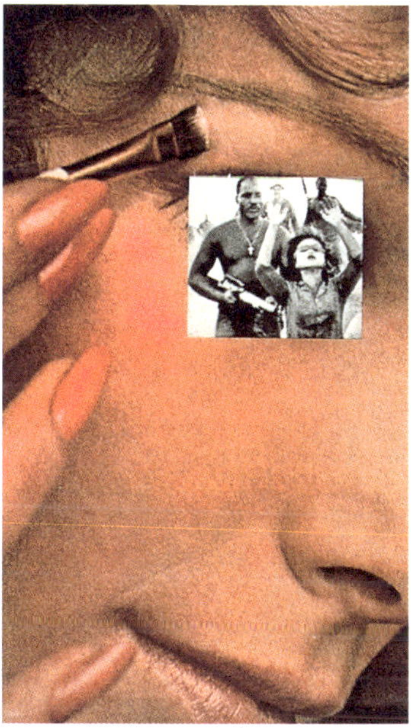

Martha Rosler, Make-up / Hands Up

Conscience ! conscience !

instinct divin, immortelle et céleste voix ; guide assuré d'un être ignorant et borné, mais intelligent et libre ; juge infaillible du bien et du mal, qui rends l'homme semblable à Dieu, c'est toi qui fais l'excellence de sa nature et la moralité de ses actions ; sans toi je ne sens rien en moi qui m'élève au-dessus des bêtes, que le triste privilège de m'égarer d'erreurs en erreurs à l'aide d'un entendement sans règle et d'une raison sans principe.

Jean-Jacques Rousseau

Vertu. C'est la puissance de vouloir et d'agir contre ce qui plaît ou déplaît. C'est une puissance acquise contre tous les genres de convulsion, d'emportement, d'ivresse et d'horreur. Vertu, c'est athlétisme.
Le coureur doit triompher de l'ivresse de courir, et le boxeur, de l'ivresse de frapper. La vertu n'est qu'efficacité ; l'intention n'y est rien.
La vertu du chirurgien n'est pas de trembler, pleurer, s'élancer.
Les anciens ont défini quatre vertus principales d'après quatre genres d'emportement.
L'emportement de la peur définit par opposition la vertu de courage. L'ivresse, qui est l'extrême du désir, définit la tempérance.
L'emportement de la convoitise définit la justice. Et l'emportement des disputeurs définit la sagesse.

Alain

La vertu
est qualité
plaisante
et gaie.

Michel de Montaigne

Nul n'est méchan

Andy Warhol, Chaise électrique

volontairement.

Platon

Jouis et fais jouir, sans faire de mal ni à toi ni à personne, voilà, je crois, toute la morale.

Chamfort

Daniel Pommereulle, Les Objets de tentation

Quant au bien et au mal, ils n'indiquent rien d'objectif, du moins dans les choses considérées en elles-mêmes, et ne sont autre chose que des façons de penser ou des notions que nous formons parce que nous comparons les choses entre elles. Une seule et même chose peut en effet, dans le même temps, être bonne et mauvaise, et aussi indifférente. Par exemple la musique est bonne pour le mélancolique, mauvaise pour l'affligé ; et pour le sourd, elle n'est ni bonne ni mauvaise. Bien qu'il en soit ainsi, il nous faut pourtant conserver ces façons de parler. Désirant en effet former une idée de l'homme qui soit comme un modèle de la nature humaine placé devant nos yeux, il nous sera utile de conserver ces mots dans le sens que j'ai dit. J'entendrai donc par bien, dans ce qui va suivre, ce que nous savons avec certitude être un moyen de nous rapprocher de plus en plus du modèle de la nature humaine que nous nous proposons. Et par mal, au contraire, ce que nous savons avec certitude nous empêcher de reproduire ce modèle.

Baruch de Spinoza

En vérité, les hommes se sont eux-mêmes donné leur bien et leur mal. En vérité, ils ne les ont pas pris, ils ne les ont pas trouvés, ils ne les ont pas entendus comme une voix descendue du ciel.
C'est l'homme qui a donné de la valeur aux choses, afin de se conserver ; c'est lui qui leur a donné un sens – un sens humain ! C'est pourquoi il s'appelle « homme », c'est-à-dire celui qui évalue.
Évaluer, c'est créer : écoutez donc, vous qui êtes créateurs ! C'est l'évaluation qui fait des trésors et des joyaux de toutes choses évaluées.

Friedrich Nietzsche

Walter De Maria, Lightning Field

– Où est le bien ?

– Dans la volonté.

– Et le mal ?

– Dans la volonté.

– Et ce qui n'est ni bien ni mal ?

– Dans ce qui ne dépend pas de la volonté.

Épictète

**Les hommes sont faits
les uns pour les autres.
Donc instruis-les,
ou supporte-les.**

Marc Aurèle

**Ne plus du tout
discuter sur ce sujet :
« Que doit être
un homme de bien ? »,
mais l'être.**

Marc Aurèle

Henri Cartier-Bresson,
Alberto Giacometti
installant ses œuvres
dans la galerie Maeght

Voici la morale parfaite :
vivre chaque jour comme
si c'était le dernier ;
ne pas s'agiter,
ne pas sommeiller,
ne pas faire semblant.

Marc Aurèle

Enrico Baj, Amour et Psyché. Modification

L'homme n'est
ni ange ni bête,
et le malheur veut
que qui veut faire
l'ange fait la bête.

Blaise Pascal

Je veux bien, par amour de l'humanité, accorder que la plupart de nos actions soient conformes au devoir ; mais si l'on en examine de plus près l'objet et la fin, on se heurte partout au cher moi, qui toujours finit par ressortir ; c'est sur lui, non sur le strict commandement du devoir, qui le plus souvent exigerait l'abnégation de soi-même, que s'appuie le dessein dont elles résultent. Il n'est pas précisément nécessaire d'être un ennemi de la vertu, il suffit d'être un observateur de sang-froid pour qu'à certains moments (surtout si l'on avance en âge et si l'on a le jugement d'une part mûri par l'expérience, d'autre part aiguisé pour l'observation) on doute que quelque véritable vertu se rencontre réellement dans le monde. Et alors il n'y a rien pour nous préserver de la chute complète de nos idées du devoir, pour conserver dans l'âme un respect bien fondé de la loi qui le prescrit, si ce n'est la claire conviction que, lors même qu'il n'y aurait jamais eu d'actions qui fussent dérivées de ces sources pures, il ne s'agit néanmoins ici en aucune façon de savoir si ceci ou cela a lieu, mais de savoir que la raison commande par elle-même et indépendamment de tous les faits donnés ce qui doit avoir lieu, que par suite des actions dont le monde n'a peut-être jamais encore offert le moindre exemple jusqu'à aujourd'hui [...] sont cependant ordonnées sans rémission par la raison, que, par exemple, la pure loyauté dans l'amitié n'en est pas moins obligatoire pour tout homme, alors même qu'il se pourrait qu'il n'y ait jamais eu d'ami loyal jusqu'à présent, parce que ce devoir est impliqué comme devoir en général avant toute expérience dans l'idée d'une raison qui détermine la volonté par des principes *a priori*.

Emmanuel Kant

Agis uniquement d'après la maxime qui fait que tu peux vouloir en même temps qu'elle devienne une loi universelle.

Emmanuel Kant

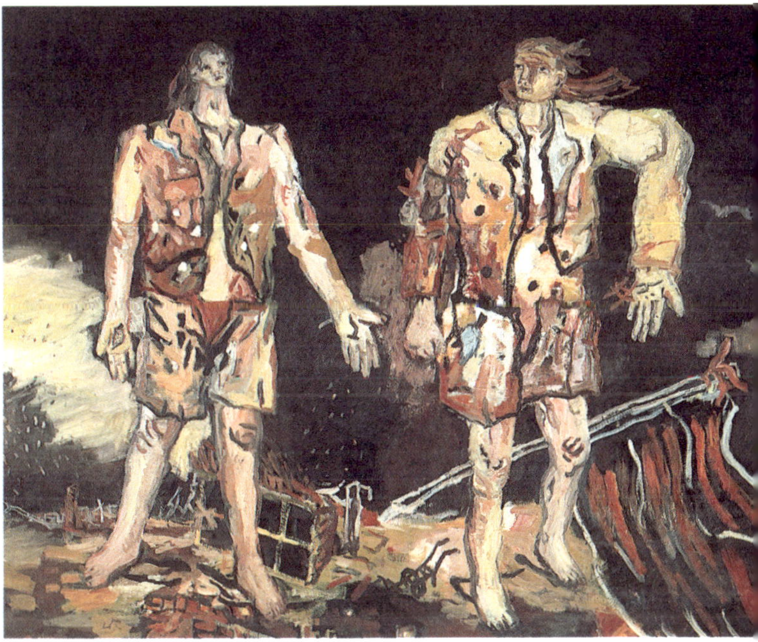

Georg Baselitz, Les Grands Amis

Agis de telle sorte que tu traites l'humanité, aussi bien dans ta personne que dans la personne de tout autre, toujours aussi comme une fin et jamais seulement comme un moyen.

Emmanuel Kant

Toute activité orientée selon l'éthique peut être subordonnée à deux maximes totalement différentes et irréductiblement opposées. Elle peut s'orienter selon l'éthique de responsabilité ou selon l'éthique de conviction. Cela ne veut pas dire que l'éthique de conviction est identique à l'absence de responsabilité et l'éthique de responsabilité à l'absence de conviction. Il n'en est évidemment pas question. Toutefois il y a une opposition abyssale entre l'attitude de celui qui agit selon les maximes de l'éthique de conviction – dans un langage religieux nous dirions : « Le chrétien fait son devoir et en ce qui concerne le résultat de l'action il s'en remet à Dieu » –, et l'attitude de celui qui agit selon l'éthique de responsabilité, qui dit : « Nous devons répondre des conséquences prévisibles de nos actes. » Vous perdrez votre temps à exposer, de la façon la plus persuasive pos-

sible, à un syndicaliste convaincu de la vérité de l'éthique de conviction, que son action n'aura d'autre effet que celui d'accroître les chances de la réaction, de retarder l'ascension de sa classe et de l'asservir davantage ; il ne vous croira pas. Lorsque les conséquences d'un acte accompli par pure conviction sont fâcheuses, le partisan de cette éthique n'attribuera pas la responsabilité à l'agent, mais au monde, à la sottise des hommes ou encore à la volonté de Dieu qui a créé les hommes ainsi. Au contraire le partisan de l'éthique de responsabilité comptera justement avec les défaillances communes de l'homme (car, comme le disait fort justement Fichte, on n'a pas le droit de présupposer la bonté et la perfection de l'homme) et il estimera ne pas pouvoir se décharger sur les autres des conséquences de sa propre action pour autant qu'il aura pu les prévoir.

Max Weber

Luigi Stoisa, Narcisse

L'amour de soi, pris comme principe de toutes nos maximes, est la source de tout mal.

Emmanuel Kant

Qu'on suppose à une action, comme cause dernière, le motif qu'on voudra : ce sera toujours, en fin de compte et par des détours plus ou moins longs, le bien et le mal de l'agent lui-même qui aura tout mis en branle ; l'action sera donc égoïste et par suite sans valeur morale. Il est un cas, un seul, qui fasse exception : c'est quand la raison dernière d'une action ou omission réside dans le bien et le mal d'un autre être : alors celui qui agit ou s'abstient n'a rien d'autre en vue que la pensée du bien et du mal de cet autre ; son seul but c'est de faire que cet autre ne soit pas lésé, ou même reçoive aide, secours et allégement de son fardeau. C'est cette direction de l'action qui seule peut lui imprimer un caractère de bonté morale ; ainsi tel est le propre de l'action, positive ou négative, moralement bonne, d'être dirigée en vue de l'avantage et du profit *d'un autre*.

Arthur Schopenhauer

Il est donc bien certain que la pitié est un sentiment naturel, qui, modérant dans chaque individu l'activité de l'amour de soi-même, concourt à la conservation mutuelle de toute l'espèce. C'est elle qui nous porte sans réflexion au secours de ceux que nous voyons souffrir ; c'est elle qui, dans l'état de nature, tient lieu de lois, de mœurs et de vertu, avec cet avantage que nul n'est tenté de désobéir à sa douce voix : c'est elle qui détournera tout sauvage robuste d'enlever à un faible enfant ou à un vieillard infirme sa subsistance acquise avec peine, si lui-même espère pouvoir trouver la sienne ailleurs, c'est elle qui, au lieu de cette maxime sublime de justice raisonnée, *Fais à autrui comme tu veux qu'on te fasse,* inspire à tous les hommes cette autre maxime de bonté naturelle, bien moins parfaite, mais plus utile peut-être que la précédente : *Fais ton bien avec le moindre mal d'autrui qu'il est possible.*

Jean-Jacques Rousseau

En attendant le beau jour où la tolérance deviendra aimante, nous dirons que la tolérance, la prosaïque tolérance est ce qu'on peut faire de mieux ! La tolérance – si peu exaltant que soit ce mot – est donc une solution passable : en attendant mieux, c'est-à-dire en attendant que les hommes puissent s'aimer ou simplement se connaître ou se comprendre, estimons-nous heureux qu'ils commencent par se supporter. La tolérance est donc un moment provisoire. [...] Elle permet à ceux qui ne s'aiment pas de se supporter mutuellement, en attendant de pouvoir s'aimer.

Vladimir Jankélévitch

La haine doit êtr
par l'amou

Leonard Freed, Martin Luther King

·aincue
:t la générosité.

Baruch de Spinoza

Le visage est transi dans sa nudité. Il est une misère. La nudité du visage est dénuement et déjà supplication dans la droiture qui me vise. Mais cette supplication est une exigence. L'humilité s'unit à la hauteur. [...] Le visage s'impose à moi sans que je puisse rester sourd à son appel, ni l'oublier, je veux dire sans que je puisse cesser d'être responsable de sa misère. La conscience perd sa première place. La présence du visage signifie ainsi un ordre irrécusable – un commandement – qui arrête la disponibilité de la conscience. La conscience est mise en question par le visage. [...] Être Moi signifie, dès lors, ne pas pouvoir se dérober à la responsabilité, comme si tout l'édifice de la création reposait sur mes épaules. Mais la responsabilité qui vide le Moi de son impérialisme et de son égoïsme – fût-il égoïsme du salut – ne le transforme pas en moment de l'ordre universel, elle confirme l'unicité du Moi. L'unicité du Moi, c'est le fait que personne ne peut répondre à ma place.

Découvrir au Moi une telle orientation, c'est identifier Moi et moralité. Le Moi, devant Autrui, est infiniment responsable.

Emmanuel Levinas

Roy Lichtenstein, Crying Girl

**La morale consiste
à se savoir esprit et,
à ce titre, obligé
absolument ;
car noblesse oblige.
Il n'y a rien d'autre,
dans la morale,
que le sentiment
de la dignité.**

Alain

La béatitude n'est pas la récompense de la vertu, mais la vertu elle-même ; et cette joie n'est pas obtenue par la réduction de nos désirs sensuels, mais c'est au contraire parce que nous jouissons d'elle que nous pouvons réduire ces désirs.

Baruch de Spinoza

La morale n'est donc pas à proprement parler la doctrine qui nous enseigne comment nous devons nous *rendre* heureux, mais comment nous devons nous rendre *dignes* du bonheur.

Emmanuel Kant

La conscience en réalité se trouve prise entre deux contradictions : ou le Bien, sommé d'être bon à tout prix, se niera lui-même, ou le Bien, plus soucieux de survivre en général que de rester bon à la lettre et stricto sensu, sera provisoirement infidèle à soi. Dans le premier cas il se laisse étrangler par les cannibales au nom de ses propres principes ; dans le second il accepte sa propre carence, non pas à perpétuité, mais temporairement : car pour tuer le mal il faut faire comme lui et être un peu méchant à son tour, et, comme le fit héroïquement la Résistance, refuser la dérision de la non-résistance au mal – ce qui implique la violence et (si les mots guerre à la guerre ne sont pas de vains mots) les avions de combat, les maux nécessaires, la vérité suspendue et la charité en vacances.

Vladimir Jankélévitch

Erro, Fuori i tedeschi

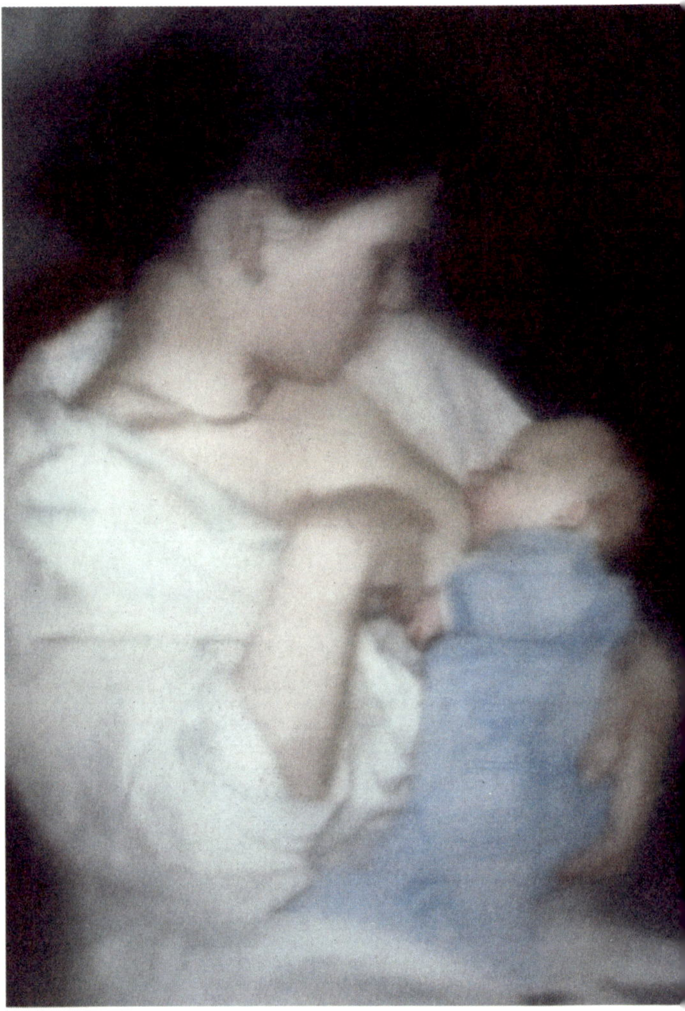

Gerhard Richter, S. mit Kind

Bien faire et se tenir en joie.

Baruch de Spinoza

En somme, c'est la puissance de la vie et l'action qui peuvent seules résoudre, sinon entièrement du moins en partie, les problèmes que se pose la pensée abstraite. Le sceptique, en morale comme en métaphysique, croit qu'il se trompe, lui et tous les autres, que l'humanité se trompera toujours, que le prétendu progrès est un piétinement sur place ; il a tort. Il ne voit pas que nos pères nous ont épargné les erreurs mêmes où ils sont tombés et que nous épargnerons les nôtres à nos descendants ; il ne voit pas qu'il y a d'ailleurs, dans toutes les erreurs, de la vérité ; et que cette petite part de vérité va peu à peu s'accroissant et s'affermissant. D'un autre côté, celui qui a la foi dogmatique croit qu'il possède, à l'exception de tous les autres, la vérité entière, définie et impérative : il a tort. Il ne voit pas qu'il y a des erreurs mêlées à toute vérité, qu'il n'y a encore rien dans la pensée de l'homme d'assez parfait pour être définitif. Le premier croit que l'humanité n'avance pas, le second qu'elle est arrivée ; il y a un milieu entre ces deux hypothèses : il faut se dire que l'humanité est en marche et marcher soi-même. Le travail, comme on l'a dit, vaut la prière ; il vaut mieux que la prière, ou plutôt il est la vraie prière, la vraie providence humaine : agissons au lieu de prier. [...] Nulle main ne nous dirige, nul œil ne voit pour nous ; le gouvernail est brisé depuis longtemps ou plutôt il n'y en a jamais eu, il est à faire : c'est une grande tâche, et c'est notre tâche.

Jean-Marie Guyau

Dans la mesure où l'éthique naît du désir de dire quelque chose de la signification ultime de la vie, du bien absolu, de ce qui a une valeur absolue, l'éthique ne peut pas être une science. Ce qu'elle dit n'ajoute rien à notre savoir, en aucun sens. Mais elle nous documente sur une tendance qui existe dans l'esprit de l'homme, tendance que je ne puis que respecter profondément quant à moi, et que je ne saurais sur ma vie tourner en dérision.

Ludwig Wittgenstein

Deux choses remplissent le cœur d'une admiration et d'une vénération toujours nouvelles et toujours croissantes, à mesure que la réflexion s'y attache et s'y applique : ***le ciel étoilé au-dessus de moi, et la loi morale en moi.***

Emmanuel Kant

Daniel Tremblay,
Sans titre

Aime, et fais ce que tu veux.

Saint Augustin

Pour aller plus loin

Aristote, **Éthique à Nicomaque,**
trad. J. Voilquin, GF-Flammarion, 1965.

David Hume, **Enquête sur les principes de la morale,**
trad. Ph. Baranger et Ph. Saltel, GF-Flammarion, 1992.

Vladimir Jankélévitch, **Traité des vertus,** 4 vol., Flammarion,
coll. " Champs ", 1986.

Emmanuel Kant, **Fondation de la métaphysique des mœurs,**
trad. A. Renaut, GF-Flammarion, 1994.

Emmanuel Levinas, **Éthique et infini,** Le Livre de poche,
coll. " Biblio essais ", 1984

Marc Aurèle, **Pensées pour moi-même,**
suivies du **Manuel d'Épictète,** trad. M. Meunier, GF-Flammarion, 1964.

Friedrich Nietzsche, **La Généalogie de la morale,** trad. H. Albert,
Gallimard, coll. " Folio essais ", 1987.

Platon, **La République** (surtout les livres II et X), trad. R. Baccou,
GF-Flammarion, 1966.

Jean-Paul Sartre, **L'Existentialisme est un humanisme,**
Gallimard, coll. " Folio essais ", 1996.

Baruch de Spinoza, **Éthique,** trad. C. Appuhn, GF-Flammarion, 1966.

Ludwig Wittgenstein, **Conférence sur l'éthique,**
in **Leçons et conversations,** Gallimard, coll. " Folio essais ", 1992.

Sous la direction de Monique Canto-Sperber, **Dictionnaire d'éthique
et de philosophie morale,** PUF, 1996.

Table des sources des textes et des citations*

Page 15 **E. LEVINAS** (1905-1995), **Totalité et infini,** Le Livre de poche, coll. " Biblio essais ", 1984.

16 **J.-P. SARTRE** (1905-1980), **L'Existentialisme est un humanisme,** Nagel, 1946 ; rééd. Gallimard, coll. " Folio essais ", 1996.

17 **E. KANT** (1724-1804), **Fondements de la métaphysique des mœurs,** trad. V. Delbos, Delagrave, 1966 ; rééd. 1997.

19 **J. S. MILL** (1806-1873), **L'Utilitarisme,** trad. G. Tanesse, Flammarion, coll. " Champs ", 1988.

20 **B. de SPINOZA** (1632-1677), **Éthique,** III, trad. C. Appuhn, GF-Flammarion, 1965.

21 **G.W.F. HEGEL** (1770-1831), **La Phénoménologie de l'esprit,** VI, trad. J. Hyppolite, Aubier-Montaigne, 1977.

22 **A. CAMUS** (1913-1960), **L'Envers et l'Endroit,** préface, Gallimard, coll. " Folio essais ", 1986.

23 **B. PASCAL** (1623-1662), **Pensées,** fragment 513-4, éd. Lafuma.

25 **ALAIN** (1868-1951), **Propos (13 novembre 1909),** t. I, Gallimard, coll. " Bibliothèque de la Pléiade ", 1956.

26 **M. de MONTAIGNE** (1533-1592), **Essais,** II, chap. XII, " Apologie de Raimond Sebond ".

27 **J.-J. ROUSSEAU** (1712-1778), **Émile ou De l'éducation,** IV.

28 **R. DESCARTES** (1596-1650), **Les Passions de l'âme,** 3e partie, articles 152 et 153.

29 **J.-J. ROUSSEAU** (1712-1778), **Émile ou De l'éducation,** IV.

30 **ALAIN, Définitions,** *in* **Les Arts et les dieux,** Gallimard, coll. " Bibliothèque de la Pléiade ", 1958.

31 **M. de MONTAIGNE, Essais,** III, chap. V.

32 **PLATON** (~ 427 , ~ 347), **Timée.**

34 **CHAMFORT** (1741-1794), **Maximes et pensées.**

35 **B. de SPINOZA,** *op. cit.,* IV, préface.

36 **F. NIETZSCHE** (1844-1900), **Ainsi parlait Zarathoustra,** " Des mille et un buts ", trad. M. Betz, Gallimard, 1936.

37 **ÉPICTÈTE** (~ 50 ? , ~ 130 ?), **Entretiens,** II, 16, *in* **Les Stoïciens,** trad. É. Bréhier, Gallimard, " Bibliothèque de la Pléiade ", 1962 ; rééd. Gallimard, coll. " Tel ", 1997.

38 **MARC AURÈLE** (121-180), **Pensées,** VIII, *in* **Les Stoïciens,** *op. cit.*

38 *Ibid.,* X.

39 *Ibid.*, VII.

41 **B. PASCAL,** *op. cit.*, fragment 678-358.

42 **E. KANT, Fondements de la métaphysique des mœurs,** 2e section, *op. cit.*

43 *Ibid.*

43 *Ibid.*

44 **M. WEBER** (1864-1920), **Le Savant et le politique,** Plon, 1959 ; rééd. 10/18, 1963.

46 **E. KANT, La Religion dans les limites de la simple raison,** trad. J. Gibelin et M. Naar, 5e éd., Vrin, 1972.

47 **A. SCHOPENHAUER** (1788-1860), **Le Fondement de la morale,** § 16, trad. A. Burdeau, Aubier, 1978.

48 **J.-J. ROUSSEAU, Discours sur l'origine et les fondements de l'Inégalité parmi les hommes,** 1re partie

49 **V. JANKÉLÉVITCH** (1903-1985), **Les Vertus et l'amour,** vol. 2, *in* **Traité des vertus,** II, Flammarion, coll. " Champs ", 1986.

50 **B. de SPINOZA,** *op. cit.*, V, scolie de la proposition 10.

52 **E. LEVINAS, Humanisme de l'autre homme,** Fata Morgana, 1972 ; rééd. Le Livre de poche, coll. " Biblio essais ", 1987.

54 **ALAIN, Lettres à Sergio Solmi sur la philosophie de Kant,** éd. Hartmann-Flammarion.

55 **B. de SPINOZA,** *op. cit.*, V, proposition 42.

55 **E. KANT, Critique de la raison pratique,** I, II, chap. 2, trad. F. Picavet, PUF, 1971.

56 **V. JANKÉLÉVITCH, Les Vertus et l'amour,** vol. 1, *in* **Traité des vertus,** II, *op. cit.*

59 **B. de SPINOZA,** *op. cit.*, IV, scolies des propositions 50 et 73.

60 **J.-M. GUYAU** (1854-1888), **Esquisse d'une morale sans obligation ni sanction (1885),** Librairie Arthème Fayard, 1985.

61 **L. WITTGENSTEIN** (1889-1951), **Conférence sur l'éthique,** trad. J. Fauve, *in* **Leçons et conversations**, Gallimard, coll. " Folio essais ", 1992.

62 **E. KANT**, **Critique de la raison pratique,** conclusion, *op. cit.*

63 **AUGUSTIN** (354-430), **Commentaire de la première Épître de saint Jean,** VII, 8.

* Les éditions citées ici ne le sont qu'à titre indicatif.
Certaines traductions ont été légèrement modifiées par André Comte-Sponville.

Table des illustrations

Ouvrages d'André Comte-Sponville

Traité du désespoir et de la béatitude :
Le Mythe d'Icare, tome 1
Vivre, tome 2
PUF, 1984 et 1988

Une éducation philosophique
PUF, 1989

L'amour la solitude
Paroles d'Aube, 1992

Valeur et vérité
Études cyniques
PUF, 1994

Petit traité des grandes vertus
PUF, 1995

Impromptus
PUF, 1996

De l'autre côté du désespoir
Introduction à la pensée de Svâmi Prajnânpad
Éditions Jean-Louis Accarias - L'Originel, 1997

Dépôt légal : février 1998
N° d'édition : 11391/2 - ISBN 2-226-09041-X
Impression et reliure : Pollina s.a., 85400 Luçon - n° 74274-D